Schultüten für Jungs

Viele Kinder sehnen den Schulanfang schon lange herbei und freuen sich auf den neuen Lebensabschnitt. Damit der Tag ein voller Erfolg wird, braucht Ihr Kind natürlich eine tolle Schultüte!

In diesem Buch finden Sie die schönsten Ideen für Jungen: Unter den Rittern, Wikingern, Cowboys, Autos und Lokomotiven, Raketen und Fußballspielern findet sich bestimmt die passende Idee für eine coole Tüte für Ihren Schulanfänger!

Natürlich kann man eine schöne Schultüte nach dem ersten Schultag einfach aufheben. Man kann aber auch die Motive abnehmen und als Fenster- oder Wandbild aufhängen! Auch für den Schreibtisch und den Stundenplan gibt es pfiffige Vorschläge.

Einen wunderschönen Schulanfang wünscht Pia Pedevilla

IHRE GRUND-AUSSTATTUNG

Diese Materialien und Werkzeuge sollten Sie auf jeden Fall zur Hand haben, denn sie werden in den Materiallisten nicht gesondert aufgeführt.

- festes Transparentpapier (Architektenpapier)
- Bleistift, Radiergummi
- Kopierpapier, Pauspapier
- mittelgroße, spitze Schere
- Zackenschere, Nagelschere
- Cutter mit geeigneter Schneideunterlage
- Küchenmesser
- Nadel und Faden
- Zirkel oder Prickelnadel
- UHU Alleskleber kraft, Klebestift, Heißklebepistole
- Lineal
- Filzstifte in verschiedenen Farben
- dicker Filzstift in Schwarz
- Buntstifte in allen Farben
- Lackmalstift in Weiß (für Lichtpunkte)
- Heftgerät (Tacker), Bürolocher
- Klebepads oder Abstandsband
- Pinsel, Wasserglas, Plastikteller, Mallappen
- feiner Draht

Hinweis: Mit „Rest" ist immer ein Stück gemeint, das maximal A5 groß ist.

Materialkunde

Sechseckige Zuschnitte aus 3D-Wellpappe (68 cm hoch)
Diese Schultütenrohlinge haben vorgeprägte Falzlinien, so geht das Falten schnell und einfach. Die Kartonlaschen in die vorgeschnittenen Schlitze einschieben und evtl. festkleben. Die passenden Geschwistertüten sind 41 cm hoch.

Runde Rohlinge in verschiedenen Farben (70 cm hoch)
Diese Wellpappe-Tüten sind sehr stabil. Ist die gewünschte Farbe nicht erhältlich, die Tüte mit farbigem Fotokarton ummanteln und mit Kraftkleber schließen. Geschwistertüten sind in Weiß mit 35 cm Höhe erhältlich.

Tütenzuschnitte aus Fotokarton in verschiedenen Farben (68 cm hoch)
Die Rohlinge werden zusammengerollt und mit Heiß- oder Kraftkleber zusammengeklebt. Es sind auch Geschwistertüten mit 41 cm Höhe erhältlich.

Tipp: Runde Tütenzuschnitte vor dem Aufrollen mehrmals über eine Tischkante ziehen, damit sie sich leichter formen lassen und keine hässlichen Knickstellen entstehen.

So wird's gemacht

Anbringen der Krepppapier-Manschette

1 Jede Schultüte wird mit Krepppapier verschlossen. Pro Tüte braucht man eine ganze Rolle, bei doppelten Manschetten zwei Rollen. Krepppapierrollen sind normalerweise 50 cm breit, für den Verschluss reichen 40 cm, der Rest wird vom eingerollten Papier abgeschnitten. Für die Geschwistertüten werden 25 cm benötigt.

2 Das Papier am Rand etwas raffen und in kleinen Abständen zusammenheften. Den Verschluss immer wieder einpassen, sodass er zum Schluss der Größe der Tütenöffnung entspricht und etwas überlappend angeklebt werden kann. Dafür den inneren Rand der Schultüte abschnittsweise mit Heißkleber bestreichen, das Papier einlegen und andrücken. Bei doppelten Manschetten zuerst das äußere Band einkleben, darüber den eigentlichen Verschluss. Den oberen Rand mit der Zackenschere nachschneiden oder bereits vor dem Einkleben große Zacken einschneiden (siehe Vorlagenbogen 1 A). Zum Zubinden bunte Bänder oder Kordeln verwenden.

Deko-Figuren basteln

1 Die Vorlage mit Bleistift auf festes Transparentpapier übertragen und ausschneiden.

1

2 Diese Schablone auf das gewünschte Papier legen, mit einem Bleistift umfahren und ausschneiden. Abgerundete Formen lassen sich leichter mit einer kleinen Nagelschere schneiden, gerade Schnitte gelingen am einfachsten mit einem Cutter. Dabei muss immer eine feste Unterlage verwendet werden; Kinder sollten damit nicht unbeaufsichtigt arbeiten!

2

3 Mithilfe des Vorlagenbogens die Einzelteile positionieren, zusammenkleben und zusätzlich dekorieren: zeichnen, beschriften, bemalen. Die Gesichtslinien mit Filzstift malen, die Wangen mit rotem Buntstift färben. Dazu mit Messer oder Bleistiftspitzer etwas Farbe von der Stiftspitze schaben und mit dem Zeigefinger verreiben. In die schwarzen Augen und auf die rote Nase wird mit weißem Lackmalstift häufig ein Lichtpunkt gesetzt. Manche Teile mit Klebepads oder Abstandsband anbringen, damit sie plastischer wirken.

Cooler Skater

→ für sportliche Jungs

MATERIAL

- sechseckiger 3D-Wellpappe-Rohling in Weiß, 68 cm hoch, und Blau, 41 cm hoch
- Rolle Krepppapier in Blau-Weiß gestreift, 40 cm breit
- Organzaband in Orange, 3,5 cm breit, 2 x 1 m lang
- Fotokarton in Gelb und Orange, A4
- Fotokartonreste in Hautfarbe, Apricot, Rot, Blau, Grün, Lila, Violett, Schwarz und Silber
- Knopf in Gelb, ø 1,2 cm
- 2 Reißnägel in Gold, ø 1 cm
- Pompon in Rot, ø 1,5 cm
- Wollrest in Rot

VORLAGENBOGEN 1B

1 Das Gesicht des Jungen mit Filzstift und Buntstift gestalten. Die Nase aus apricotfarbenem Karton ausschneiden, wie die Wangen und die Kopfseiten etwas mit Buntstiftabrieb schattieren und aufkleben. Mit einem Lackmalstift Lichtflecken setzen.

2 Die Haare mit braunem Buntstiftabrieb schattieren und aufkleben. Auf die Kappe mit Filzstift die Linien zeichnen und sie mit Buntstift etwas schattieren. Den Pompon aufsetzen und die Kappe auf den Kopf kleben, dabei hinter das Ohr schieben.

3 Den Schal mit schwarzem und rosa Filzstift bemalen und die Ränder mit Buntstiftabrieb schattieren. Mit einem Cutter einen Schlitz an der auf der Vorlage markierten Stelle einschneiden, den Hals einstecken und auf der Rückseite festkleben.

4 Das Hemd ausschneiden und die mit Buntstiften bemalte Hose darüber kleben. Die karierten Hosenträger mit Klebepads aufsetzen. In den Löchern des Knopfes etwas Faden vernähen und den Knopf aufkleben. Die Hände von der Rückseite befestigen. Den Kopf mit dem Schal mit Klebepads aufsetzen.

5 Die Beine auf die Socken und diese auf die silberfarbenen Schuhe kleben. Die Sohle zuvor mit einem dicken Filzstift aufmalen. Das Skateboard gestalten und die zwei Räder mit Reißnägeln in der Mitte fixieren.

6 Die blaue Tüte auf die weiße Tüte setzen und festkleben. Das gestreifte Krepppapier als Manschette einkleben und mit orangefarbenen Bändern schließen. Den Skater auf der Schultüte befestigen.

Tipp: Mit dem Skateboard kann auch ein Türschild gebastelt werden. Einfach eine grün bemalte oder mit Papier überklebte Wäscheklammer dahinter kleben und diese auf dem zugeschnittenen roten Untergrund fixieren. Die Skateboardfarbe kann nach Belieben variiert und beschriftet werden.

ANDREAS

Graf Dracula

→ schaurig-schöne Gesellen

MATERIAL DRACULATÜTE

- sechseckiger 3D-Wellpappe-Rohling in Rot, 68 cm hoch
- Tüllband in Rot, 10 cm breit, 2 m lang
- Tüllband in Schwarz, 7 cm breit, 1 m lang
- Rolle Krepppapier in Lila, 10 cm, und Schwarz, 40 cm breit
- Engelshaar in Rot
- Kordel in Rot, ø 6 mm, 50 cm lang
- Fotokarton in Schwarz, A4
- Fotokartonreste in Weiß, Violett und Rot
- Formfilzreste in Rot und Grau
- Wellpapperest in Lila
- Wolle in Rot
- Aludraht in Schwarz, ø 2 mm, 3 x 3 cm lang
- 2 Gespenster-Glöckchen in Weiß, ø 2,5 cm
- Glitzerstift in Gold

GESPENSTERTÜTE

- Geschwistertüte mit Filzmanschette in Pink, 35 cm hoch
- Fotokarton in Weiß, A4
- Fotokartonrest in Rot
- Tüllband in Weiß, 10 cm breit, 1 m lang
- Wolle in Rot
- Spinnen-Glöckchen in Schwarz, 3 cm hoch

VORLAGENBOGEN 1B

1 Für Dracula Kopf, Hände und Beine aus weißem Fotokarton ausschneiden. Die Frisur ist aufgemalt, dahinter werden die drei Stücke Aludraht fixiert. Die Nase aus Fotokarton ausschneiden und mit einem Klebepad aufkleben. Die Wangen mit Buntstift röten und die Lichtflecken mit einem weißen Lackmalstift setzen.

2 Die Beine auf die Wellpappesocken kleben und diese auf die Formfilzschuhe setzen. Den unteren Bereich als Sohle mit einem dicken schwarzen Filzstift bemalen und Wollfäden als Schnürsenkel vernähen. Hinter die mit Filzstiftlinien und Buntstiftpunkten bemalte Hose kleben. Die Fledermaus auf das Hemdchen kleben und ihre Außenränder mit Glitzerstift bemalen.

3 Den Umhang mit Glitzerstift dekorieren und, wenn alles trocken ist, ausschneiden. Die gekennzeichneten Linien einschneiden und das Hemd mit der dahinter fixierten Hose und den Kopf ankleben. Alles zusammenfügen und an eine Hand die zwei Glöckchen an einem Wollfaden anhängen. Durch die andere Hand die dicke Kordel ziehen.

4 Die Schultüte unten mit rotem Tüllband umwickeln und mit den zwei Fledermäusen fixieren. Oben das ineinander verschlungene schwarze und rote Tüllband anheften. An der Innenseite die Kordel befestigen, an der der Vampir hängt.

5 In das lila Krepppapier einen Zackenrand schneiden und es einkleben, ebenso die schwarze Manschette. Mit Feenhaar zusammenbinden und das mit Lackmalstift auf schwarzen Fotokarton gemalte Spinnennetz aufkleben.

Tipp: Zu Dracula passt eine Geschwistertüte mit Gespenst gut. Die kleine Figur gestalten und aufkleben, und den Schweif um die Schultütenspitze legen.

Knuffiger Bär

→ bunt und lieb

MATERIAL

- Schultütenrohling in Weiß, 70 cm hoch
- Rolle Krepppapier in Hellblau, 40 cm breit
- Organzaband in Hellgrün, 4 cm breit, 80 cm lang
- Bündel Naturbast in Mais
- Holzstreuteile-Mix: Schule
- Wäscheklammer, 4,5 cm lang
- Fotokarton in Blau, 50 cm x 70 cm
- Fotokarton in Hellbraun, A3
- Fotokartonreste in Beige, Hellblau, Hellviolett, Hellgrün, Grün, Gelb, Sonnengelb, Rot, Pink und Weiß
- Formfilzrest in Schwarz
- 2 Klebepunkte in Schwarz, ø 8 mm

VORLAGEN-BOGEN 1A+2B

1 Den Kopf des Bären ausschneiden, die beigefarbene, bemalte Schnauze aufkleben und das Gesicht gestalten: Die Nase aus Formfilz zuschneiden und als Augen Klebepunkte fixieren. Die weißen Lichtpunkte mit Lackmalstift aufsetzen. Die Wangen mit Buntstiftabrieb röten.

2 Zum Einknüpfen der Härchen mit einer Prickelnadel Löcher stechen und mit einem Schaschlikstäbchen weiten. Hellblauen Fotokarton für den Schal mit einem Karomuster bemalen, ihn zuschneiden und hinter den Kopf kleben.

3 Die Buntstifte haben eine weiße Stiftspitze mit farbigen Minen. Die Hülle wird mit einem passenden Streifen beklebt.

4 Zum Umkleben der Schultütenspitze blauen Fotokarton mit Buntstiften mit einem Karomuster bemalen. Dann zuschneiden und ankleben. Darauf den Kopf mit Schal und darunter die Arme mit den Stiften anbringen.

5 Die Krepppapiermanschette in die Schultüte kleben. Am oberen Tütenrand einen Baststrang fixieren, der alle 10 cm mit feinem Metalldraht gebündelt wurde. Darauf kleine Holzteile befestigen. Drei bis vier Kleinigkeiten auf eine Wäscheklammer kleben und die Klammer am Bast ankleben.

6 Die Klammer hält ein Schild mit dem Namen des Kindes. Dafür den zugeschnittenen und beschrifteten Fotokarton auf ein größeres Stück Papier kleben und mit einem Rand von ca. 2 mm ausschneiden.

Tipp: Für einen Bleistiftbehälter leere Küchenkrepprollen mit Wellpappe umkleben. Auf eine wird eine Buntstiftspitze aus Tonpapier gesetzt. Auf einem 15 cm großen, doppelt zugeschnittenen Wellpappekreis kleben.

Boys only

Kleine Fußballspieler

→ ein niedliches Team

Käfertüte

Das grüne Krepppapier in die Regenbogentüte kleben. Den Ball wie rechts beschrieben gestalten und aufkleben. Körper und Gesicht ausschneiden und dekorieren. Die Papierkordelstücke mit Heißkleber an Kopf und Körper fixieren sowie Füße und Hände daran befestigen. Der Käfer bekommt eine Schleife um den Hals und wird auf dem Fußball platziert.

Fußballertüte

1 Das Gesicht des Jungen mit Filzstift und Buntstift gestalten. Die Nase ist aus rotem Fotokarton. Die Wangen und die Kopfseiten mit Buntstiftabrieb schattieren. Mit einem Lackmalstift Lichtflecken setzen. Die Haare mit braunem Buntstiftabrieb schattieren und an der gestrichelten Linie einschneiden. Den Kopf einschieben und festkleben.

2 Die Trikotteile mit blauem Buntstift an den Rändern schattieren und die hellgrünen Streifen sowie die Zahl aufkleben. Mit Plusterfarbe umranden. Den Ärmel ankleben und die Arme von der Rückseite fixieren. Auf die mit Filzstift bemalte Formfilzhose kleben. Den Kopf an den Körper kleben und das Karoband umbinden.

3 Die Schuhe zusammenkleben: Die Sohle ankleben und die Spikes mit einem schwarzen Filzstift bemalen. Die Schnürsenkellöcher mit einer Nadel vorstechen und mit einem Schaschlikstäbchen weiten. Mit einem weißen Lackmalstift umranden und die Kordeln als Schnürsenkel durchziehen und zu Schleifen binden. Den Wellpapperand und die mit Filzstift bemalten Socken fixieren und die Füße mit den Beinstücken an die Hose kleben.

4 Das Ballmuster mit Pauspapier auf das weiße Papier übertragen und ausmalen oder fotokopieren und auf den Fotokarton kleben. Den Ball an einen Schuh kleben.

5 Die Manschette in die Schultüte kleben und die verschiedenfarbenen, ineinander verschlungenen Bänder alle 5 cm bis 6 cm mit einem Tacker auf der Tüte befestigen. Darauf mit Heißkleber die Holzbälle fixieren. Unten als Spitze die kleine grüne Tüte aufschieben und festkleben. Den Fußballspieler ankleben.

MATERIAL
FUSSBALLERTÜTE

- Schultütenrohling in Blau, 70 cm hoch
- Geschwistertüte in Grün, 35 cm hoch
- Rolle Krepppapier in Blau, 40 cm breit
- Schleifenband mit Drahtkante in Blau kariert, 4 cm breit, 1 m lang
- 3 Organzabänder in Blautönen, 4 cm breit, je 1 m lang
- 8 Holzfußbälle, ø 1,2 cm
- Fotokartonreste in Hellblau, Weiß, Hautfarbe, Rot, Hellgrün, Gelb, Schwarz und Silber
- Wellpapperest in Türkis
- Formfilzrest in Rot
- Karoband in Weiß-Blau, 1 cm breit, 20 cm lang
- Satinkordel in Gelb, ø 2 mm, 2 x 20 cm lang
- Plusterfarbe in Pink

KÄFERTÜTE

- Geschwistertüte in Regenbogenfarben, 35 cm hoch
- Rolle Krepppapier in Hellgrün, 25 cm breit
- Schleifenband mit Drahtkante in Grün kariert, 4 cm breit, 1 m lang
- Fotokartonreste in Weiß, Blau, Hellgrün und Rot
- Papierkordel in Blau, ø 2 mm, 4 x 6 cm (Arme und Beine) und 2 x 12 cm lang (Fühler)
- Karoband in Blau-Weiß, 1 cm breit, 12 cm lang

VORLAGENBOGEN 2B

Alles für Fußballfans

→ schnell gemacht

MATERIAL FUSSBALL-SCHACHTEL
- runde Pappschachtel in Weiß, ø 14 cm
- Wellpappe in Schwarz, 2 cm x 47 cm

BLEISTIFT-BEHÄLTER
- Vivelle®-Rest in Grasgrün
- Toilettenpapierrolle
- doppelseitiges Klebeband
- Wattekugel, ø 3 cm

PINNWAND
- Korkplatte, 19 cm x 28 cm
- fester Karton, 25 cm x 34 cm
- Vivelle® in Grasgrün, 25 cm x 34 cm
- doppelseitiges Klebeband
- Reißnägel und Holzfußbälle, ø 1,2 cm (Pinnadeln)

VORLAGENBOGEN 2A

1 Für die Fußballschachtel das Muster mit Pauspapier auf den Deckel übertragen und mit einem wasserfesten Filzstift ausmalen. Den Wellpappestreifen rundherum festkleben.

2 Für den Bleistiftbehälter das Vivelle®-Papier mit doppelseitigem Klebeband auf der Papprolle fixieren. Unten einen passend zugeschnittenen Pappkreis ankleben. Eine mit Filzstift laut Abbildung mit Fünfecken bemalte Wattekugel kann passend zum Halter mit etwas Klebstoff versehen auf einen Bleistift gesteckt werden.

3 Für die Pinnwand das Vivelle®-Papier mit doppelseitigem Klebeband auf die Pappe kleben. Keinen Heißkleber verwenden, er kann das Material angreifen! Darauf die Korkplatte fixieren.

4 Die kleinen Fußbälle mit starkem Klebstoff auf die Reißnägel setzen. Die Pinnwand mit einem Nylonfaden aufhängen, der durch eine Hand und den Ball des Fußballspielers von Seite 11 gefädelt wird.

5
Leo anrufen!
15.00 UHR STADION

Bunte Dinos

→ bunt und lustig

MATERIAL

- sechseckiger 3D-Wellpappe-Rohling in Rot, 68 cm hoch
- sechseckige 3D-Wellpappe-Geschwistertüte in Blau, 41 cm hoch
- Rolle Krepppapier in Regenbogenfarbe, 20 cm breit
- Schleifenband mit Drahtkante in Gelb kariert, 4 cm breit, 1 m lang
- Fotokarton in Hellgrün, A3
- Fotokartonreste in Violett, Weiß, Gelb, Hellblau und Blau
- Regenbogenfotokarton, 50 cm x 70 cm
- dicker Filzstift in Blau

VORLAGEN-BOGEN 2A

1 Den Körper des Tieres aus Fotokarton, das Bauchteil aus Regenbogenfotokarton im Gelb-Pink-Verlauf ausschneiden. Außerdem Streifen im Pink-Orange-Verlauf ausschneiden und aufkleben. Das Bauchteil hinter den Körper kleben.

2 Das Gesicht gestalten: Ein Auge mit einem Klebepad anbringen, das andere an der Rückseite festkleben. Die Pupillen und alle Linien sind mit Filzstift gemalt, die Lichtpunkte mit Lackmalstift gesetzt. Die Wangen mit Buntstiftabrieb röten.

3 Die Körperflecken ausschneiden, am Rand laut Abbildung mit einem dicken blauen Filzstift bemalen und aufsetzen. Die Vorder- und Hinterbeine anbringen, für einen plastischen Effekt Klebepads verwenden.

4 Den Schwanz an der Markierung einschneiden und die zusammengeklebten Bleistifte einstecken und auf der Rückseite festkleben.

5 In das Regenbogen-Krepppapier einen Zackenrand schneiden und es in die Tüte kleben. Darüber das orangefarbene Krepppapier setzen und die Schultüte mit dem karierten Schleifenband zubinden.

6 Auf die Tütenspitze die Geschwistertüte aufschieben und festkleben. Darauf den Dino fixieren.

Tipp: Der zweite Dino – hier sehen Sie eine Farbvariante – kann nach dem ersten Schultag eine kleine Kramkiste schmücken. Dafür eine Schuhschachtel mit Acrylfarbe bemalen oder mit Papier umkleben und das Tier aufsetzen. Von hinten zwei Palmen und den Vulkan ergänzen, das „Feuer" wird aus mit Zackenrand zugeschnittenem Krepppapier angefertigt.

Marsmännchen

→ Aufruhr im Weltall

MATERIAL

- Schultütenrohling in Weiß, 70 cm hoch
- Krepppapier in Regenbogenfarbe, 40 cm breit
- Fotokarton in Silber glänzend, 50 cm x 70 cm und A4
- Fotokarton in Weiß und Silber matt, A4
- Wellpappe in Silber, A3
- Chenilledraht in Silber, 4 x 20 cm lang
- Fotokartonreste in Lila, Hellgrün und Grün
- Schaschlikstäbchen, 12 cm lang
- Glitzerstift in Grün
- Hologrammfolienreste in Blau
- Pompon in Grün glitzernd, ø 3 cm
- Papierkordel in Silber, ø 2 mm, 30 cm lang
- 2 Holzsterne in Silber, ø 4 cm

VORLAGENBOGEN 1A + 2A + 3A

1 Zuerst die weiße Schultüte mit dem silberfarbenen Karton verkleiden. Der Karton reicht nicht ganz aus, deshalb die Spitze mit einem extra zugeschnittenen Stück umkleben. Dessen Rand vorher nach außen knicken.

2 Die zwei runden Ausschnitte auf die Tüte kleben und rundherum den Chenilledraht befestigen. Bei dem großen Fenster muss ein zweiter Chenilledraht angesetzt werden. Auch um die Tütenspitze Chenilledraht kleben.

3 Nun das Marsmännchen arbeiten: Die Augen ausschneiden, die Pupillen aufmalen und die Konturen mit einem Glitzerstift nachfahren. Nach dem Trocknen mit der Nase aufkleben, für das vordere Auge und die Nase Klebepads verwenden.

4 Die Hologrammfolie auf Fotokarton kleben und den Hut sowie den Kragen ausschneiden. Den Hut mit Glitzerstift umranden und an den Kopf kleben. Mit Glitzerstift noch eine Haarsträhne malen. Auf der Hutrückseite das mit Hologrammfolie umklebte Schaschlikstäbchen mit dem angesetzten Pompon und dem in weiten Spiralen herumgewickelten Papierdraht ankleben.

5 Die Arme hinter den Kragen kleben. Kopf und Kragen auf die Schultüte setzen und die Beine laut Abbildung übereinander fixieren.

6 Die Wellpappe-Flügel knicken und ankleben. Auch die Zacken um den Tütenrand herum fixieren. Die Kreppmanschette einkleben und mit Chenilledraht mit angeklebten Sternen verschließen.

Tipp: Die Rakete kann nach dem großen Tag das Kinderzimmer schmücken. Dazu sieht ein kleines, ebenso gebasteltes Männchen witzig aus.

Cowboy-Sheriff

→ Wild-West-Feeling

MATERIAL

- Schultütenrohling in Gelb, 70 cm hoch
- Rolle Krepppapier in Braun, 40 cm breit
- Bündel Naturbast
- Schleifenband in Rot, 2 cm breit, 1 m lang
- Fotokartonreste in Hautfarbe, Apricot, Braun, Schwarz, Hellgrün, Blau, Hellbraun, Gold und Rot
- Fotokarton in Rot-Weiß kariert, A4
- Holzsterne in Gold, 1 x ø 4 cm und 2 x ø 2 cm
- Holzperlen, ø 1 cm, und -linsen, ø 2,5 cm, in Braun, Rot und Weiß

VORLAGENBOGEN 3B

1 Das Gesicht mit Filzstift und Buntstift gestalten. Die Nase aus apricotfarbenen Karton ausschneiden, wie die Wangen etwas mit Buntstiftabrieb schattieren und aufkleben. Mit einem Lackmalstift Lichtflecken setzen. Die Haare mit Buntstift aufmalen.

2 Den Hut zuschneiden und mit Filzstift und Buntstiften plastisch ausarbeiten. Auf den Kopf setzen, die Ohren dabei über die Hutkrempe schieben.

3 Den Fotokarton für das Tuch mit Buntstiften bemalen und es dann ausschneiden und einen Schlitz einschneiden. Den Hals einschieben und auf der Rückseite festkleben.

4 Die anderen Papierteile ausschneiden und mit Lackmalstiften Nähte aufmalen oder mit Buntstift an den Rändern schattieren. Das Hemd hinter die Hose kleben und den Gürtel mit Schnalle aufsetzen. Die Fransen in die Hosenbeine schneiden.

5 Die Westenteile auf dem Hemd fixieren und den Arm mit dem dahinter geklebten Handstück aufsetzen. Die Tasche mit dem Colt aufsetzen und die Stiefel an die Hosenbeine kleben. Nun den Kopf aufkleben und die Holzsterne fixieren.

6 Das Krepppapier einkleben und das Bastbündel alle 10 cm zusammenbinden. Auf Bastfäden Holzperlen und -linsen auffädeln und die Fäden am Bastrand anknoten. Die Schultüte mit Bast und rotem Schleifenband zubinden.

Tipp: Der Kopf des Cowboys kann auf eine Tafel oder – wie beim Wikinger auf der nächsten Seite – auf einen Stundenplan geklebt werden. Zwei Hände und einen Holzstern ergänzen.

Saloon-party
16.00

Kleiner Wikinger

→ erlebt die tollsten Abenteuer

MATERIAL

- Schultütenrohling in Weiß, 70 cm hoch
- Fotokarton mit Wasserdessin, 50 cm x 70 cm
- Rolle Krepppapier in Gold, 40 cm breit
- Organzaband in Blau und Hellblau, 4 cm breit, 1 m lang
- Fotokarton in 2 x Gold und 1 x Dunkelblau, A4
- Fotokartonreste in Hautfarbe, Gelb, Gold, Braun, Rot, Orange, Hellgrün und Blau
- Löcherpapier in Gold, A4
- Wellpapperest in Gold
- 33 Reißnägel in Gold, ø 1 cm
- Glitzerstift in Gold

VORLAGENBOGEN 3A+3B

1 Zuerst die weiße Schultüte mit dem Karton mit Wasserdessin verkleiden. Der Karton reicht nicht ganz aus, deshalb die Spitze mit einem extra zugeschnittenen Stück Fotokarton umkleben. Die Zacken ausschneiden, an der markierten Stelle knicken und zum Wölben über einen Stift ziehen. Dann an den Schultütenrand kleben. Die Krepppapiermanschette einkleben und mit zwei Organzabändern zubinden.

2 Den Wikingerkopf ausschneiden und das Gesicht gestalten: Die Nase und die Augen mit Filzstift, die anderen Linien mit Buntstift aufzeichnen. Die Wangen mit Buntstiftabrieb röten.

3 Das Haarteil mit Buntstift schattieren und an der markierten Stelle einschneiden. Auf den Kopf schieben und fixieren. Den Helm mit den dahinter angeklebten Hörnern aufsetzen und den Wellpappestreifen aufkleben. Alles gut trocknen lassen, dann mit einer Nadel Löcher einstechen und die Reißnägel mit etwas Klebstoff bestrichen hineinkleben. Auch Kragen und Schild werden so verziert.

4 Das Hemd ausschneiden und mit Filzstift und Buntstiftschattierungen gestalten. Den Gürtel und die Schnalle aufkleben und die Gürtellöcher mit Glitzerfarbe aufmalen. Den Dorn aus Wellpappe ausschneiden.

5 Die Hände und die Beine mit den zusammengeklebten und mit Buntstift und Glitzerstift verzierten Stiefeln ansetzen. Das Schild aus den verschiedenen Kreisen zusammensetzen und ebenso wie den Kragen auf das Hemd kleben.

6 Den Kopf auf den Körper und den Wikinger auf die Schultüte kleben.

Tipp: Mit dem Wikingerkopf kann auch ein Stundenplan verziert werden. Diesen auf goldfarbene Wellpappe kleben, die auf einem etwas größeren Stück goldfarbenem Fotokarton fixiert ist. Den Kopf aufsetzen und Hände ergänzen. Einige Metallglöckchen anhängen.

Boys only

Lustiges Buchstaben-ABC

→ kunterbuntes Treiben auf der Schultüte

MATERIAL
- sechseckiger 3D-Wellpappe-Rohling in Blau, 68 cm hoch
- je 1 Rolle Krepppapier in Blau, 40 cm breit, und Hellblau, 10 cm breit
- Kordel in Blau, ø 4 mm, 2 x 1 m lang
- Regenbogenfotokartonreste
- Transparentpapier in Weiß, A4
- Transparentpapierrest mit Punkten in Weiß
- Fotokarton in Weiß und Hellblau, A4
- Fotokartonreste in Violett, Rosa, Hellgrün, Schwarz und Beige
- 2 Rohholzhalbkugeln, ø 3 cm
- Acrylfarbe in Rot
- 8 Klebepunkte in Weiß, ø 1 cm
- Aludraht in Schwarz, ø 2 mm, 6 x 4 cm lang
- Holzplatine, ø 1 cm
- Papierdraht in Hellgrün, ø 2 mm, 4 x 8 cm lang

VORLAGENBOGEN 4A

1 Zuerst die Schultüte dekorieren: Den doppelten Krepppapierverschluß einkleben und den Rand mit einer Kordel bekleben. Die andere Kordel zum Zubinden der Schultüte verwenden.

2 Das ABC aus Regenbogenkarton ausschneiden und direkt auf die Tüte kleben. Das C vohrher mit den Zähnen, den Augen und dem Hut aus Fotokarton versehen. Die Platine für die Nase rot bemalen und ebenfalls anbringen. Lichtpunkte mit einem Lackmalstift setzen.

3 Für das Buch die Seiten und den Mittelstreifen aus weißem Fotokarton ausschneiden und zwei unterschiedlich große Stücke aus Transparentpapier. Diese nur in der Mitte aufkleben und mit dem Mittelstreifen abdecken.

4 Die mit Pupillen bemalten Augen ankleben und die rot bemalte Holzhalbkugel als Nase fixieren. Die Papierkordel von hinten als Arme ansetzen und mit den Händen versehen. Die Haarteile mit Heißkleber über den Augen anbringen. Die weißen Strümpfe mit roten Filzstiftstreifen bemalen und auf die rosa Schuhöffnung setzen. Dann auf die Schuhe kleben und an dem Buch fixieren. Das Lineal wird genauso gearbeitet.

5 Die Bleistiftlibellen haben einen gebogenen Körper und Flügel aus Transparentpapier. Die Spitze ist beige, bekommt noch einen Farbakzent mit Filzstift und die aufgeklebten Augen (dafür Klebepunkte zusammenkleben und aufsetzen). Alles auf der Tüte anordnen und fixieren.

Hinweis: Die Anleitung für die Bleistiftkette finden **Sie auf Seite 32.**

ABC

Erste-Schultag-Ralley

→ im coolen Flitzer

MATERIAL

- Schultütenrohling in Weiß, 70 cm hoch
- Krepppapier in Rot, 40 cm breit
- Chenilledraht in Schwarz und Weiß, je 3 x 20 cm lang
- Schleifenband mit Drahtkante in Rot, 2 cm breit, 1 m lang
- Fotokarton in Silber glänzend, 50 cm x 70 cm
- 3 Holzperlen in Rot, ø 1,5 cm
- Fotokarton in Rot, A4
- Fotokartonreste in Dunkelgrau, Hautfarbe, Apricot, Blau und Hellblau
- Wellpappereste in Gelb und Schwarz
- 2 Spiegelchen mit Häkelrand, ø 1,8 cm (Brille)

VORLAGENBOGEN 1A+3B

1 Zunächst die Autoform ausschneiden und alle Stellen einschneiden, wo das Scherensymbol zu sehen ist. Die Stoßstange und die zwei Wellpappe-Lampen aufkleben. Die Räder aus schwarzer Wellpappe ausschneiden – den Rillenverlauf beachten – und darauf die dunkelgrauen und silbernen Teile kleben. Am Auto fixieren.

2 Die Hände und das Lenkrad ankleben. Das Gesicht mit schwarzem Filzstift und Buntstiften auf den Kopf malen. Die Wangen mit Buntstiftabrieb röten und die Lichtpunkte mit Lackmalstift setzen. Die Haare sind aufgemalt.

3 Den Helm mit einem dicken, wasserfesten Filzstift bemalen und die Spiegelchen als Brillengläser aufsetzen. Den Kopf hinter das Lenkrad kleben.

4 Die Spitze der Schultüte mit passend zugeschnittenem silberfarbenem Karton bekleben. Den Rand im Karolook bemalen und die Wolken aufkleben. Die mit einem Zackenrand zugeschnittene Manschette einkleben und mit Schleifenband schließen. Die Chenilledrahtstücke verdrehen, über einen Bleistift locken, leicht auseinanderziehen und unter dem Schleifenband festkleben. An die Drahtenden rote Holzperlen kleben.

Tipp: **Passend zur Schultüte kann ein Bilderrahmen im Renndesign gestaltet werden. Die Zeichnung für den Karorahmen auf weißen Fotokarton abpausen und mit einem Filzstift ausmalen. Ausschneiden und auf ein 18 cm x 18 cm großes Stück rote Wellpappe kleben. Mit einem Cutter auf einer geeigneten Unterlage einen zum Foto passenden Ausschnitt einschneiden.**

Lokomotive

→ fröhliches Fahrzeug

MATERIAL

- sechseckiger 3D-Wellpappe-Rohling in Blau, 68 cm hoch
- Rolle Krepppapier in Blau-Weiß gepunktet, 40 cm breit
- 6 Holzherzen in Rot, ø 2,5 cm
- Satinband mit Herzen, 1,5 cm breit, 1 m lang
- Fotokarton in Orange, A4
- Fotokartonreste in Hautfarbe, Apricot, Gelb, Blau, Dunkelrot, Schwarz und Weiß
- Wellpappe-Rest in Regenbogenfarbe
- geprägter Fotokartonrest mit Kringeln in Weiß
- Holzplatine, ø 4 cm
- Acrylfarbe in Rot
- Zylinder in Schwarz, ø 4 cm
- Karoband in Weiß-Blau, 1,5 cm breit, 15 cm lang

VORLAGENBOGEN 4B

1 Die Grundform der Lokomotive ausschneiden, mit Filzstiftlinien und Buntstiftschattierungen gestalten und darauf mithilfe des Vorlagenbogens alle weiteren Teile anbringen. Das Fenster für den Lokomotivführer ausschneiden.

2 Den Kessel aus Fotokarton und Wellpappeteilen zusammensetzen und das Gesicht der Lokomotive aufkleben: Die Augen mit Filzstift und Buntstift, die Mundlinie mit Buntstift und die Wangen mit Buntstiftabrieb gestalten. Für die Nase die Holzplatine rot bemalen und aufkleben. Die Lichtpunkte mit einem Lackmalstift setzen. Den Hut auf den Kopf kleben.

3 Die Räder und das Treppchen für den Lokomotivführer festkleben. Den Kopf des Mannes mit aufgemalten Augen und aufgeklebten Bart- und Haarteilen sowie der Nase gestalten. Die Papierteile mit Buntstiftabrieb schattieren, ebenso die Wangen gestalten. Seinen Oberkörper hinter das Fenster kleben, den Kopf und die Hände darauf. Das Karoband knoten und aufkleben. Die Mütze mit Filzstift und lila Buntstift bemalen und aufsetzen.

4 Die Manschette in die Schultüte kleben und sie mit dem Schleifenband schließen. Herzchen an den Ecken fixieren und die Lokomotive aufkleben.

Tipp: Mit dem Gesicht der Lokomotive kann man auch ein nettes Türschild basteln. Ein Schild aus Pappmaché (10 cm x 20 cm) mit roter Farbe bemalen und darüber blauen Fotokarton mit weißer Lackmalstift-Schrift anbringen.

KARL

Tigerchen

→ Dschungelfeeling im Kinderzimmer

MATERIAL

- Schultütenrohling in Weiß, 70 cm hoch
- Fotokarton in Hellgrün, 70 cm x 100 cm
- Fotokarton in Dunkelgrün, A4
- Rolle Krepppapier in Hellgrün, 20 cm, Mittelgrün, 30 cm, und Dunkelgrün, 40 cm breit
- Fotokarton in Gelb, A3
- 5 Schaschlikstäbchen, 20 cm lang
- Bündel Naturbast in Hellgrün
- Chenilledraht in 2 x Gelb und 1 x Orange, 20 cm lang
- Regenbogenfotokartonrest in Orange-Pink-Verlauf
- 4 Klebepunkte, ø 1 cm

VORLAGENBOGEN 1A+4A

1 Die Schultüte mit Fotokarton umkleben (über die Spitze wird später noch eine kleinere, selbst gebastelte Tüte geklebt). Für den Verschluss die Ränder der Krepppapierstreifen in lange Zacken schneiden und die Dreifachmanschette einkleben. Aus Naturbast einen langen Zopf flechten und rund um die Tüte kleben.

2 Für die Schlange den Papierkopf mit je zwei zusammengeklebten, bemalten Klebepunkten als Augen, Filzstiftmund und angeklebter Zunge gestalten. Zwei Chenilledrahtstücke miteinander verdrehen und um einen Stift herum aufrollen. Abziehen, etwas dehnen, den Papierkopf ankleben und die Schlange auf den Schultütenrand setzen.

3 Die Motivteile des Tigers zuschneiden und mit Filzstift die Fellflecken und das Gesicht aufmalen. Die Wangen mit rotem, die Körperränder mit braunem Buntstiftabrieb schattieren.

4 Als Spitze eine selbst gebastelte grüne Tüte mit eingeschobenen Krepppapier-Blättern fixieren. Hinter Kopf und Pfoten ein Schaschlikstäbchen kleben und sie hinter den Grashalmen fixieren. Den Chenilledraht-Schwanz an die Rückseite der Schultüte kleben.

Tipp: Die Füße, Pfoten und den Kopf kann man auch als Schmuck für eine Schachtel verwenden, die mit Tigerkarton überzogen wurde. Die Vorderpfoten mit einem Schlitz versehen und aufstecken. Dem Tigerchen einen Schal umbinden.

Ritter Kunibert

→ ... auf ins Gefecht!

MATERIAL

- Schultütenrohling in Rot, 70 cm hoch
- Alukrepppapier in Silber, 40 cm breit
- Schleifenband in Silber, 4 cm breit, 1 m lang
- feiner Strickschlauch in Silber, 1 m lang
- 7 Metallglöckchen in Silber, ø 1,5 cm
- Fotokarton in Silber matt und glänzend, je A4
- Lochkartonrest in Silber
- Glitterpapierrest in Gold
- Fotokartonreste in Hautfarbe und Schwarz
- Glitzerstift in Silber
- 2 Wachsperlen in Gold, ø 8 mm
- Chenilledraht in Silber, ø 6 mm, 4 cm lang
- 3 Musterbeutelklammern in Gold
- Feder in Lila

VORLAGEN-BOGEN 4B

1 Den Schultütenrand mit dem alle 8 cm bis 10 cm zusammengebundenen und mit Glöckchen versehenen Strickschlauch umkleben. Die Krepppapiermanschette einkleben und mit dem Schleifenband zubinden.

2 Die Grundform des Ritters, das Helm-Körperteil, aus mattem Fotokarton ausschneiden und mit Glitzerstift das Muster aufmalen. Auch die anderen Motivteile aus mattem oder glänzendem Silberkarton ausschneiden und bemalen, dann kann nach dem Trocknen alles zusammengefügt werden.

3 Das Gesicht mit Buntstift und Filzstift aufmalen. Den Kopf hinter den Helm kleben und die Lochkartonklappen mit einer Musterbeutelklammer anbringen, so sind sie beweglich. Die Löcher mit einer Nadel vorstechen und mit einem Schaschlikstäbchen weiten.

4 Die Hände hinter die zusammengeklebten Arme setzen und diese mit einer Musterbeutelklammer anbringen, so können sie bewegt werden. Die zusammengefügten Beine ebenso mit einer Musterbeutelklammer anbringen.

5 Das Schwert zusammenkleben und die Wachsperlen ansetzen. Dann dem Ritter in die Hand kleben. Die Feder anbringen und den Ritter auf die Schultüte kleben.

Tipp: Der Ritter kann nach dem ersten Schultag von der Schultüte abgenommen werden. Mit einem zweiten, seitenverkehrt gebastelten Helden trägt er dann tapfere Kämpfe an der Wand oder am Fenster aus.

Roy Gerrard/Tilde Michels
SIR CONRAD
Eine Ritterballade

Bleistiftklammern

→ witzige Notizzettelschnur

MATERIAL

- 5 Wäscheklammern, 1 cm breit, 7 cm lang
- 5 bunte Holzperlen, ø 8 mm
- Kordel in Weiß, ø 1 mm, 1 m lang
- Fotokartonreste in Beige, Blau, Grün, Rot, Violett und Rosa
- 20 Klebepunkte in Weiß, ø 8 mm

VORLAGENBOGEN 4B

Abbildung Seite 1.

1 Die Stiftspitze mit aufgeklebter Minenspitze auf die Wäscheklammer kleben und darüber einen bunten Fotokartonstreifen setzen.

2 Immer zwei Klebepunkte zusammenkleben (sonst sind sie durchscheinend) und die Pupillen aufmalen. Dann auf die Klammer kleben.

3 Die „Buntstifte" zusammen mit Perlen auf eine Schnur fädeln, diese vor und nach einer Perle verknoten.

Hinweis: Die Buntstiftkette sehen Sie auch auf Seite 23. Natürlich kann sie nach Belieben weiter verlängert werden.

Die Autorin

Pia Pedevilla lebt in Bruneck (Südtirol). Sie studierte Kunst in Gröden und Werbegrafik in Urbino. Seit Jahren ist sie im Bereich der Illustration und des Designs für Kinder tätig, entwirft Holz- und Stoffspielzeug, didaktische Spiele für Kinder im Vorschulalter, Lichtobjekte und Teppiche. Viele Jahre hat sie an der Grundschule mit Kindern gebastelt und gemalt. Heute leitet sie Fortbildungskurse für Lehrer, interessierte Erwachsene und Kinder. Im frechverlag hat sie mehrere Bücher über verschiedene Arbeitstechniken veröffentlicht.

Mehr erfahren Sie unter www.piapedevilla.com

DIESES BUCH ENTHÄLT 4 VORLAGENBOGEN

IMPRESSUM

TEXT: Dr. Ulrike Voigt
FOTOS: frechverlag GmbH, 70499 Stuttgart; Fotostudio Ullrich & Co., Renningen
DRUCK: frechdruck GmbH, 70499 Stuttgart

Auflage:	5.	4.	3.	2.		
Jahr:	2010	2009	2008	2007	2006	[Letzte Zahlen maßgebend]

ISBN 10: 3-7724-3464-9
ISBN 13: 978-3-7724-3464-8
Best.-Nr. 3464